Gedichte und Gedanken

Die Kunst das Leben zu leben

von

Anja Schönefeld

Inhaltsverzeichnis

Vorwort

Anleitung für ein gutes Leben

Zeit, anders zu sein

Tu' es

Wer den Weg ...

Meer erleben

Helden

Das Leben ist ein Experiment

Die alte Zeit

Das Leben ...

Schweigen

Reise des Lebens

Dein Tag

Höher – schneller – weiter

Wer mit beiden Beinen ...

Warten

Bunte Welt

Ein Handbuch fürs Leben

Der alte Mann

Die Kunst ...

Schrei es raus !!!

Die Welt entdecken

Sinn des Lebens

Der Weg

Ich bin am Leben

Heimat

VORWORT

entfällt !

Anleitung für ein gutes Leben

<u>Erstens:</u>
Geboren werden.

<u>Zweitens:</u>
Die Kindheit genießen.

<u>Drittens:</u>
Sich durch die Pubertät kämpfen.

<u>Viertens:</u>
Die besten Jahre
in vollen Zügen auskosten.

<u>Fünftens:</u>
Den zweiten Frühling mitnehmen.

<u>Sechstens:</u>
Im Alter nicht aufgeben.

Zeit, anders zu sein

Jeden Tag kann man in den Medien sehen,
welche Dinge in der Welt geschehen
und wer welche Meinung dazu spricht,
egal ob selbst beteiligt oder nicht.
Es wird über alles diskutiert
und mit jedem debattiert,
nur um die Meinungen zu erfassen,
die am besten in unser Weltbild passen.

Es ist an der Zeit, einen anderen Weg zu gehen
und die Welt mit eigenen Augen zu sehen.
Es ist an der Zeit, öfter auf die innere Stimme zu hören
und so ein neues Lebensgefühl zu spüren.
Es ist an der Zeit, anders zu sein
und sich von allen Zwängen zu befreien.
Es ist an der Zeit,
keinen Erwartungen mehr zu entsprechen
und einfach aus sich herauszubrechen.

Es ist an der Zeit, Farbe zu bekennen
und uns frei und selbstbestimmt zu nennen.
Es ist an der Zeit, umzudenken
und unser Leben selbst zu lenken.
Es ist an der Zeit, anders zu sein
und sich von allen Zwängen zu befreien.
Es ist an der Zeit,
keinen Erwartungen mehr zu entsprechen
und einfach aus sich herauszubrechen.

Lange genug hat die Gesellschaft bestimmt,
wie und was wir sind,
was falsch und was richtig
und welche Dinge sind wichtig.
Lange genug hat uns die Gesellschaft gelenkt
und uns so in die Ecke gedrängt,
unser Leben bestimmt
und vorgeschrieben, wer wir sind.

Jeder einzelne Mensch hat eine Persönlichkeit,
die nach Selbstverwirklichung schreit,
darum lasst uns sein, wie wir sind,
frei, ungezwungen und selbstbestimmt.
Vergesst die Stimmen hinter vorgehaltener Hand
und vertretet euren eigenen Stand,
denn wir sind, wer wir sind, und das ist gut.
Es ist an der Zeit, WIR zu sein – nur Mut!

Tu' es

Wenn du unzufrieden bist
und dir dein Leben nicht mehr passt,
musst du etwas ändern,
sonst wird es irgendwann zur Last.

Ist die Entscheidung auch schwer,
du musst dich überwinden.
Wage den ersten Schritt,
um dich neu zu finden.

Nutze die Chance, etwas zu tun,
trau dich, deinen Weg zu gehen,
und wisse, du bist nicht allein,
denn wir werden zu dir stehen.

Was immer du auch tust,
die Entscheidung liegt bei dir.
Wir werden dir den Rücken stärken,
sind für dich da, sind immer hier.

Wenn du unzufrieden bist
und dir dein Leben nicht mehr passt,
musst du etwas ändern,
sonst wird es irgendwann zur Last.

Wer den Weg
des Lebens geht,
der niemals
auf der Stelle steht.

Meer erleben

Wenn ich am Strand stehe
und das Meer ansehe,
möchte ich die Grenze überschreiten
und in den Ozean gleiten.
Ich möchte die Wellen spüren
und das Rauschen des Wassers hören,
mich der Flut hingeben
und im Wasser schweben.
Ich möchte dem Alltag entschwinden
und innere Ruhe finden,
die Seele ausstrecken,
das Leben neu entdecken,
im Rausch untergehen
und die Tiefe des Meeres sehen.

Doch was, wenn ich im Sog ertrinke
und keinen Frieden finde?
Es gäbe kein Zurück,
darum suche ich an Land mein Glück.

Helden

Die Welt braucht Helden,
Helden, die etwas bewegen
und nicht nur in Träumen leben.
Helden, die im Fall eines Falles
etwas riskieren, wenn nötig sogar alles.

Die Welt braucht Helden,
Helden, die nicht schweigen,
sondern ihre Entschlossenheit zeigen.
Helden, die zu ihren Taten stehen
und nicht wortlos untergehen.

Die Welt braucht Helden,
Helden, die die Dinge hinterfragen
und offen ihre Meinung sagen.
Helden mit dem Herz am richtigen Fleck,
die sich einsetzen für den guten Zweck.

Die Welt braucht Helden,
Helden, die über uns wachen
und die Welt sicherer machen.
Helden, die uns jeden Tag schützen
und uns immer unterstützen.

Die Welt braucht Helden,
und ein Held kann jeder sein - auch DU,
du musst es nur wollen, also lass es zu.
Sei ein Held in jedem Augenblick
Und verbessere die Welt ein Stück.

Das Leben ist ein Experiment

Das Leben ist ein Experiment,
ein Test, ob es gelingt,
wenn alles oder gar nichts stimmt.
Der Versuch, Antworten zu geben
auf alle Fragen zwischen Tod und Leben.

Kann man aus Fehlern lernen?
Wie viel Glück und Schmerz verträgt ein Herz?
Wird Freude und Leid beeinflusst von der Zeit?
Wie alt muss man werden,
um unvergessen zu sein auf Erden?
Warum ist es so schwer, einen Menschen
zu finden und für immer an sich zu binden?

Fragen, die das Leben mit sich bringt,
bei denen die Antworten sehr variabel sind,
denn jedes Leben ist ein Experiment,
dessen Ergebnis keiner kennt,
und weil in jedem Leben eine Unbekannte steckt,
gibt es auch keine Formel für „perfekt".

**Das Probieren und Studieren
und das Ergründen und Antworten-Finden
gestalten das Experiment „Leben"
und werden uns Erkenntnisse geben.**

**Das Leben ist ein Experiment,
ein Test, ob es gelingt,
wenn alles oder gar nichts stimmt.**

Die alte Zeit

Ich habe Fotos gefunden
aus längst vergangenen Stunden.
Bilder aus der alten Zeit,
sie zeigen die Vergangenheit;
sind schon etwas mitgenommen
und in die Jahre gekommen,
doch von unschätzbarem Wert,
weil diese Zeit nie wiederkehrt.
Einzig die Erinnerung überlebt,
während alles viel zu schnell vergeht.

Ich schaue auf die Fotos hier
und sehe die alte Zeit vor mir.
Ich erinnere mich an die schönen Dinge,
hab aber auch die schlechten im Sinne.
Vieles war anders als heute,

wie das Land und die Leute;
doch manches ist auch, wie es war,
beständig und noch immer da.
Und weil sich die Zeit nicht anhalten lässt,
halten die Fotos alles fest.

Schon morgen wird das Heute Vergangenheit
und übermorgen ist es die alte Zeit,
dann schaue ich mir wieder Bilder an
und erinnere mich daran,
was heute wohl passierte
und wie mich das Morgen interessierte.
So reise ich in der Zeit zurück und wieder voran
und komme immer überall an.
Die Bilder bewahre ich in Sicherheit,
denn sie sind Andenken an die alte Zeit.

Das Leben
ist nicht immer leicht,
doch wer überlebt,
hat das Ziel erreicht.

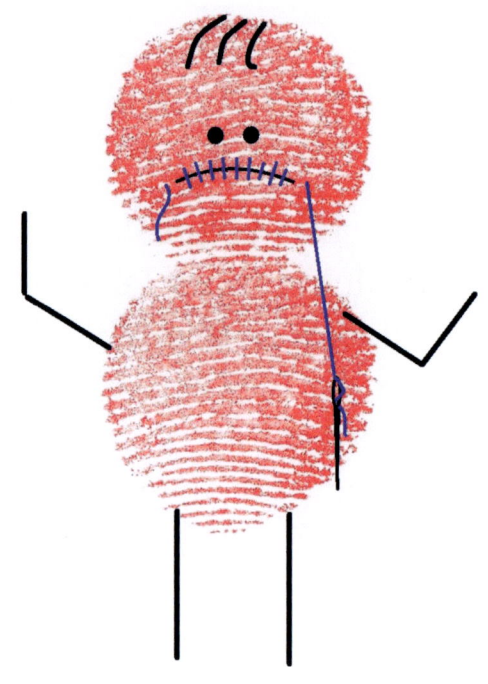

Schweigen

Wer seine Stimme nicht erhebt
und schweigend im Hintergrund steht,
kann nichts bewegen
und muss mit der Situation leben,
denn wer schweigt, wird nicht gehört
und ändert nichts an dem, was stört.
Jede Stimme, ob laut oder leise,
wird vernommen auf eigene Weise.

Reise des Lebens

Das ganze Leben ist eine Reise
und jeder reist auf seine Weise.
Es ist ein Kommen und ein Gehen,
immer in Bewegung und niemals stehen.
Ohne Rast und ohne Ruh'
geht die Reise weiter immerzu.

Die einen zieht es hektisch voran
und doch kommen sie niemals an.
Der Druck der Zeit treibt sie fort,
immer schnell von einem zum anderen Ort.
Sie sind ständig hastig und am Eilen,
haben keine Zeit zu verweilen.

Die anderen sind gezwungen, vom Leben
notgedrungen eine Pause einzulegen,
und während sie warten, dass es weitergeht,
kostbare Reisezeit verloren geht.
Doch der unterbrochene Reisefluss
steigert immer mehr die Reiselust.

Während es die einen zieht
und die anderen warten,
gibt es auch die, die niemals starten.
Ihr Leben trägt sie nicht fort,
es hält sie fest an einem Ort.
Und doch ist ihr Ziel bestimmt,
weil ihre Wege anders sind.

Das ganze Leben ist eine Reise
und jeder reist auf seine Weise.
Es ist ein Kommen und ein Gehen,
immer in Bewegung und niemals stehen.
Ohne Rast und ohne Ruh'
geht die Reise weiter immerzu.

Dein Tag

Heute ist dein Tag.
Ich halte die Welt für dich an,
denn heute dreht sich alles nur um dich,
und was andere wollen, interessiert uns nicht.
Heute zählst nur du allein,
denn dieser Tag soll deiner sein.

Morgens starten wir ganz frisch
mit Feinkost schon am Frühstückstisch.
Wir machen diesen Tag perfekt
und erfüllen jeden Wunsch, der in dir steckt.

Mittags geht es dann zum Strand,
dort stecken wir die Füße in den Sand,
und mit einem Cocktail in der Hand
wird relaxt und nur entspannt.

Am Abend ziehen wir durch die Stadt
und schauen, was die Nacht zu bieten hat.
Wir feiern und tanzen bis in den Morgen
und vertreiben alle Sorgen.

Heute gibt's für uns kein Halten,
wenn wir deinen Tag gestalten.
Du bist heute der Mittelpunkt der Welt
und wir machen nur, was dir gefällt.
Der Grund, warum dieser Tag der deine ist,
ist, weil du etwas Besonderes bist.

Höher – schneller – weiter

In der heutigen Zeit
treibt uns die Geschwindigkeit
ohne Rast und ohne Ruh'
stetig voran immerzu.

Alles muss immer höher, schneller und weiter
und jeder will nach oben auf der Leiter.
Es ist der Zug und der Zwang,
ein unermesslicher Drang.
Alles muss perfekt und lupenrein
und jeder will der Beste sein.

In der heutigen Zeit
treibt uns die Geschwindigkeit
ohne Rast und ohne Ruh'
stetig voran immerzu.

Doch welchen Preis müssen wir zahlen
für die täglichen Qualen?
Es ist die Qualität des Lebens,
und sie schwindet vergebens,
denn wenn nur noch Leistung zählt,
ist es das Lebensgefühl, was fehlt.

In der heutigen Zeit
treibt uns die Geschwindigkeit
ohne Rast und ohne Ruh'
stetig voran immerzu.

Ohne Lebensgefühl macht das Leben keinen Sinn,
selbst wenn wir dafür die Besten sind.
Nichts ist es wert, es zu riskieren,
die Qualität des Lebens zu verlieren.
Darum schaltet ab und zu einmal zurück
und genießt das Lebensglück.

Wer mit beiden Beinen
fest im Leben steht,
ist nur zu faul,
sich zu bewegen.

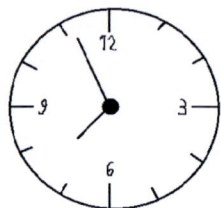

Warten

Geh deiner Zukunft entgegen
und warte nicht, dass sie passiert,
denn wer zu lange wartet,
die kostbarste seiner Zeit verliert.

Verlorene Zeit kommt niemals zurück,
ebenso wie der perfekte Augenblick.
Sekunden, die entschwinden,
sich niemals wiederfinden.

Jeder Schritt in eine neue Zeit
hinterlässt Spuren in der Vergangenheit.
So entsteht für jeden, der vorangeht,
ein eigener, ganz spezieller Weg.

Vielleicht kommt irgendwann der Punkt,
an dem einfach alles stimmt,
doch darauf zu warten
würde heißen, Augenblicke zu verpassen,
die mindestens genauso wertvoll sind.

Bunte Welt

Wenn der Regen die Straßen tränkt
und der Nebel auf den Feldern hängt,
der Himmel sich mit dunklen Wolken füllt
und der Tag sich in graue Schleier hüllt,
dann hole ich meinen Pinsel raus
und male ihn mit bunten Farben aus.
Mit bunten Farben male ich die Welt,
wie sie mir gefällt.

Wenn der Alltag öde und trist,
weil die tägliche Routine ihn frisst,
und wenn kein neuer Wind mehr weht,
weil der ewige Trott im Wege steht,
dann hole ich meinen Pinsel raus
und male ihn mit bunten Farben aus.
Mit bunten Farben male ich die Welt,
wie sie mir gefällt.

Wenn sich das Blatt mal wendet,
weil eine Glückssträhne plötzlich endet,
und mit einem Schlag die heile Welt
in sich zusammenfällt,
dann hole ich meinen Pinsel raus
und male sie mit bunten Farben aus.
Mit bunten Farben male ich die Welt,
wie sie mir gefällt.

Und wird die Welt einmal zu bunt für mich,
dann verzicht' ich auf den Pinselstrich.

Ein Handbuch fürs Leben

Wenn mal wieder nichts gelingt,
einfach gar nichts stimmt
und alles schiefläuft, was nur geht,
dann wünsche ich mir ein Handbuch,
in dem ein Ausweg daraus steht.

Wenn alles perfekt läuft,
sich das Glück übermäßig häuft
und scheinbar alles geht,
dann wünsche ich mir ein Handbuch,
in dem die Garantie dafür steht.

Wenn ich am Ende bin,
nichts mehr macht einen Sinn,
und ich nicht weiß, was geht,
dann wünsche ich mir ein Handbuch,
in dem die Lösung dafür steht.

Ein Handbuch fürs Leben,
das müsste es geben.
Ein Lexikon für alle Lebenslagen,
mit Antworten auf alle Fragen.

Ein Nachschlagewerk für alle Gelegenheiten,
für gute und für schlechte Zeiten.
So ein Handbuch wäre pures Gold,
so eins hab ich immer schon gewollt.

Doch was wäre das Leben wert,
wenn man es nicht selbst erfährt,
wenn man alles erlesen kann
und die eigene Erfahrung steht hinten an.
Kein Gefühl, das man persönlich erlebt,
in irgendeinem Buch beschrieben steht,
und erst die Erfahrungen
machen es interessant,
und das ersetzt kein Buch in der Hand.

Ein Handbuch fürs Leben wäre genial,
doch wäre es ebenso fatal,
darum bin ich froh, dass es nicht existiert,
weil sonst das Leben seinen Reiz verliert.

Der alte Mann

In einem kleinen Café sitzt ein alter Mann,
man sieht ihm die Jahre an;
sein Gesicht ist faltig und hager,
die Hände zittrig und ebenso mager,
die Haare licht und ergraut,
doch sein Blick ganz zufrieden schaut.

Beinahe täglich kommt er in das Café
und trinkt schweigend seinen Tee.
Ich frage mich, woran er wohl denkt,
wem oder was er seine Aufmerksamkeit schenkt.
Er sitzt immer ganz allein,
doch scheint er glücklich zu sein.

Sicher denkt er an alte Zeiten zurück,
vielleicht an seine große Liebe - sein Glück,
an seine Jugend und wie es damals war,
oder an Freunde, die heute nicht mehr da.
Woran auch immer er denkt,
der Gedanke ihm ein Lächeln schenkt.

Wenn ich in späteren Jahren
daran denke, wie die vergangenen Tage waren
und zurück auf mein Leben seh',
sitze ich vielleicht auch in einem Café,
und dann denke ich daran,
wie er da saß, der alte Mann.

Die Kunst,
das Leben zu leben,
liegt im Nehmen
und im Geben.

Schrei es raus !!!

*Wenn du glücklich bist,
dann schrei es raus!
Zeige der Welt, wie es geht,
wenn man vor Glück neben sich steht.*

*Wenn du traurig bist,
dann schrei es raus!
Lass alle Welt wissen, was man spürt,
wenn einen die Trauer tief berührt.*

*Wenn du zufrieden bist,
dann schrei es raus!
Beschreibe der Welt, was man tut,
wenn die Zufriedenheit in einem ruht.*

*Wenn du Freude verspürst,
dann schrei es raus!
Gib der Welt davon ein Stück
und erhalte Freude von der Welt zurück.*

*Schließe deine Augen,
breite deine Arme aus,
leg den Kopf in den Nacken
und schrei es raus,
dann atme ganz tief ein,
und du wirst spüren,
dieser Augenblick wird deiner sein.*

*Teile dieses Gefühl mit jedem, der es mag,
und schenke unvergessliche Momente für den Tag.*

Die Welt entdecken

Immer wenn ich auf meiner Terrasse sitze
und in der Sonne schwitze,
denke ich so bei mir:
„Ach, wie schön ist es hier."
Doch frage ich mich ebenso:
„Wie ist es wohl anderswo?"
Dann möchte ich auf Reisen gehen
und mir die ganze Welt ansehen.
Ich möchte gern die Erde umrunden
und alle Länder erkunden.

In Gedanken ziehe ich dann los
und besuche erst einmal die Eskimos,
dann laufe ich durch den Wüstensand
und gehe baden am schönsten Strand.
Ich schwinge mich auf Lianen durch den Dschungel
und schaue, was sich in der Tiefsee so tummelt.
Ich überquere jeden Ozean
und sehe mir die Weltwunder an.

Wenn ich dann aus meinen Träumen erwache,
frage ich mich, was ich da eigentlich mache.
Warum nur träumen
und die Realität versäumen?
Ich mache mich auf und ziehe los,
denn meine Reiselust ist groß.
Ich werde meine Träume erwecken
und ziehe los, um die Welt zu entdecken.

Sinn des Lebens

Was ist der Sinn des Lebens,
unseres Daseins und Strebens?
Immer wieder frage ich mich:
„Wofür lebe ich?"

Ist es das Streben nach Ruhm und Geld,
was wirklich zählt?
Ist es der Drang
nach Freiheit von jedem Zwang?
Ist es die Sehnsucht nach Liebe,
nach der Befriedigung meiner Triebe?
Oder ist es das Gefühl, ein Teil zu sein
von der Gesellschaft allgemein?

Wenn mich diese Frage quält
und ich überlege, was wirklich zählt,
wonach ich strebe
und wofür ich lebe,
komme ich immer zu dem Resultat,
dass diese Frage nur eine Antwort hat.

Es ist kein einzelnes der genannten Dinge,
die ich im Leben erzwinge.
Es ist die Summe daraus,
denn das Ganze macht es aus.
Wenn ich die perfekte Mischung
daraus erreichen kann,
fühlt sich das wie Glück
und Zufriedenheit an.

So kann ich sagen,
dass ich den Sinn des Lebens kenne
und ihn Glückseligkeit nenne.

Glückseligkeit, das ist mein Sinn,
- wobei ich hier kein Maßstab bin -
aber ich habe ihn für mich gefunden
und empfehle jedem, seinen Sinn zu erkunden,
denn wer den Sinn des Lebens versteht,
viel gelassener durchs Leben geht.

Der Weg

Wenn der Startschuss fällt
und dich nichts mehr hält,
begibst du dich auf die Strecke,
auf dass der Lauf dich erwecke.
Auch wenn dir der Start nicht glückt,
geh deinen Weg und halte das Ziel im Blick,
denn erst dort entscheidet sich die Frage:
„Sieg oder Niederlage?"

Sollte dein Weg nicht immer eben sein
oder er wird versperrt von einem Stein,
suche nach einem neuen Pfad für dich,
doch wisse, das Ziel ändert sich nicht.
Ein Umweg kostet nicht immer Zeit,
er bietet ab und an auch eine Gelegenheit.
Nutze jeden Richtungswechsel ein Stück,
doch finde immer auf den alten Kurs zurück.

Wenn dir irgendwann die Luft ausgeht
und du erst auf halber Strecke stehst,
denke niemals daran, umzudrehen
und zurück auf Start zu gehen.
Mach eine Pause und halte inne,
nimm zusammen all deine Sinne
und schöpfe daraus neue Kraft,
denn bedenke, die Hälfte ist bereits geschafft.

Hast du dein Ziel dann erreicht,
wirst du wissen, nicht jeder Weg ist leicht,
aber ein Ziel immer vor Augen
kann dir deine Kräfte nicht rauben.
Und am Ziel weißt du dann:
„So fühlt sich Siegen an."

Ich bin am Leben

Die Welt ist wunderschön
und ich bin am Leben.
Was kann es Schöneres geben,
als das zu spüren jeden Tag?

Ich laufe barfuß durch den Regen,
tanze durch die Nacht,
atme die Sonne ein
und freue mich, hier zu sein.

Die Welt ist wunderschön
und ich bin am Leben.
Was kann es Schöneres geben,
als das zu spüren jeden Tag?

Ich reite auf dem Regenbogen
und fliege mit dem Wind,
versinke in des Mondes Schein
und freue mich, hier zu sein.

Die Welt ist wunderschön
und ich bin am Leben.
Was kann es Schöneres geben,
als das zu spüren jeden Tag?

Endlich bin ich glücklich
und es geht mir gut,
denn ich habe mich überwunden
und zu mir selbst gefunden.

Ich bin ich
und möchte niemand anders sein.
Ich bin am Leben.
Was kann es Schöneres geben?

Heimat

Manchmal trägt dich das Leben fort,
raus aus deinem Heimatort,
bringt dich dazu, die Welt zu sehen
und deine eigenen Wege zu gehen.
Doch wohin es dich auch zieht,
was auch immer geschieht,
vergiss nie, wo deine Wiege stand,
denn das ist dein Heimatland.
Und wisse immer, wer du bist,
weil auch das ein Stück Heimat ist.
Egal wohin dich deine Wege treiben,
du wirst immer ein Kind deiner Heimat bleiben.

ISBN: 9783735739865

© 2014 Anja Schönefeld
Umschlaggestaltung: Anja Schönefeld
Herstellung und Verlag:
BoD - Books on Demand GmbH